Impressum
Verlag: BABADADA GmbH, Nedderfeld 112 , 22529 Hamburg
Geschäftsführer / Verlagsleitung: Harald Hof
Druck: Books on Demand GmbH, In de Tarpen 42, 22848 Norderstedt

Imprint
Publisher: BABADADA GmbH, Nedderfeld 112 , 22529 Hamburg, Germany
Managing Director / Publishing direction: Harald Hof
Print: Books on Demand GmbH, In de Tarpen 42, 22848 Norderstedt, Germany

okul

школа

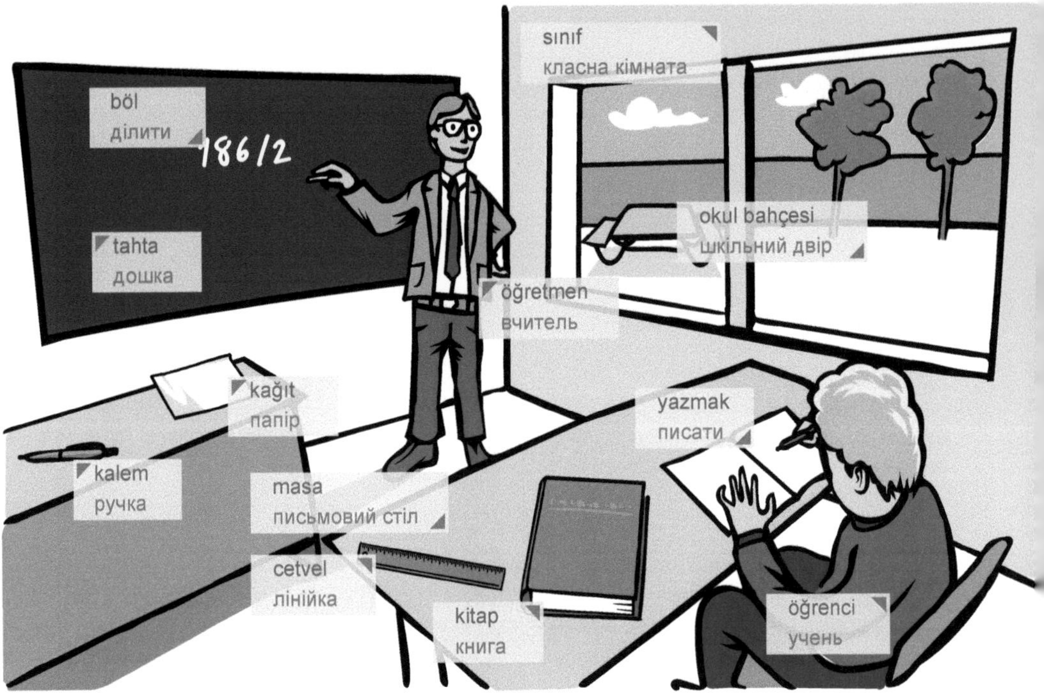
sınıf
класна кімната
böl
ділити
186/2
tahta
дошка
okul bahçesi
шкільний двір
öğretmen
вчитель
kağıt
папір
yazmak
писати
kalem
ручка
masa
письмовий стіл
cetvel
лінійка
kitap
книга
öğrenci
учень

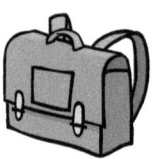

okul çantası
ранець

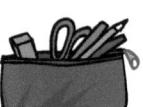

kalemlik
пенал

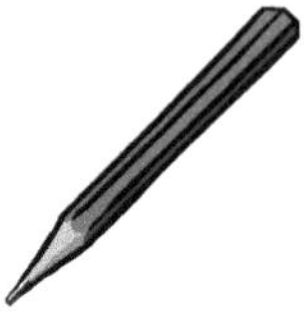

kurşun kalem
олівець

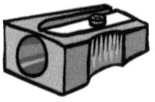

kalem açacağı
точило

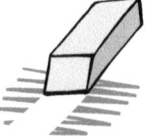

silgi
гумка

çizim defteri
альбом для малювання

çizim

малюнок

resim fırçası

пензель

boya kutusu

коробка фарб

makas

ножиці

tutkal

клей

alıştırma kitabı

зошит

ödev

домашнє завдання

sayı

число

2+2

ekle

додавати

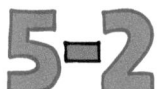

çıkar

віднімати

çarp

множити

hesapla

рахувати

harf

літера

alfabe

абетка

kelime

слово

metin

текст

okumak

читати

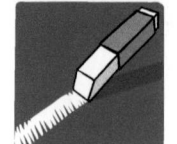

tebeşir

крейда

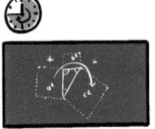

ders

година

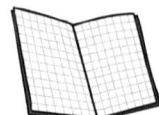

kayıt

класний журнал

sınav

екзамен

sertifika

диплом

okul forması

шкільна форма

eğitim

освіта

ansiklopedi

лексикон

üniversite

університет

mikroskop

мікроскоп

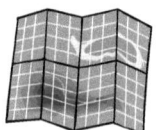

harita

карта

kağıt çöp kutusu

кошик для паперу

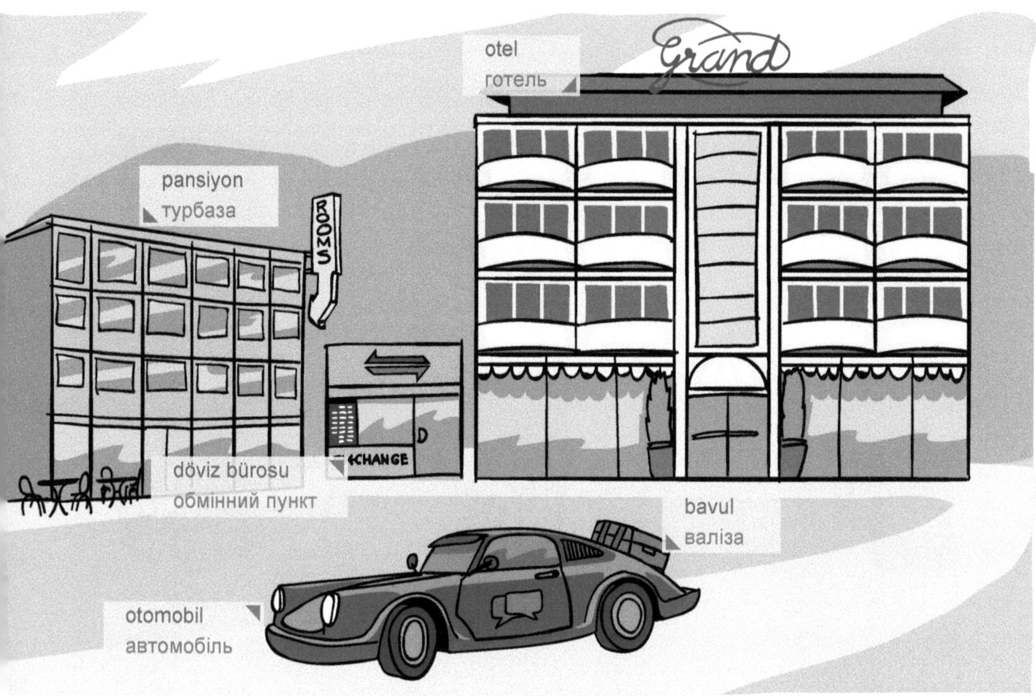

otel
готель
Grand
pansiyon
турбаза
ROOMS
EXCHANGE
döviz bürosu
обмінний пункт
bavul
валіза
otomobil
автомобіль

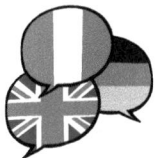

dil

мова

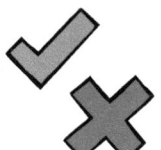

evet / hayır

так / ні

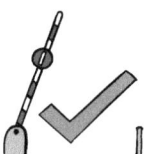

Tamam

добре

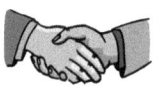

merhaba

привіт

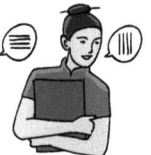

çevirmen

перекладач

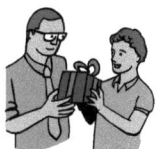

Teşekkür ederim

дякую

bu ... ne kadar?

Скільки коштує ...?

anlamadım

Я не розумію

problem

проблема

İyi akşamlar!

Добрий вечір!

Günaydın!

Доброго ранку!

İyi geceler!

На добраніч!

güle güle

До побачення

yön

напрямок

bagaj

багаж

çanta

сумка

sırt çantası

рюкзак

misafir

гість

oda

кімната

uyku tulumu

спальний мішок

çadır

намет

turist danışma

туристична інформація

sahil

пляж

kredi kartı

кредитна картка

kahvaltı

сніданок

öğle yemeği

обід

akşam yemeği

вечеря

Bilet

квиток

asansör

ліфт

pul

поштова марка

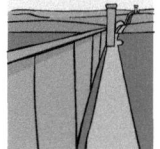

sınır

межа

gümrük

митниця

elçilik

посольство

vize

віза

pasaport

паспорт

ulaşım

транспорт

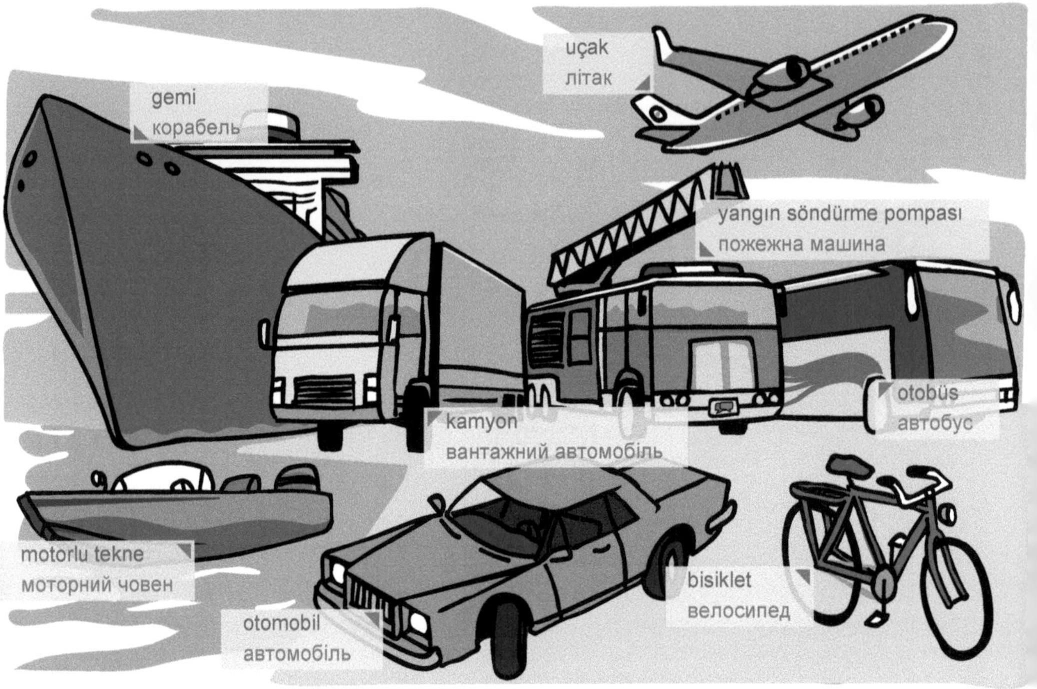
uçak
літак
gemi
корабель
yangın söndürme pompası
пожежна машина
otobüs
автобус
kamyon
вантажний автомобіль
motorlu tekne
моторний човен
bisiklet
велосипед
otomobil
автомобіль

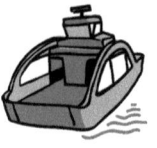

feribot

пором

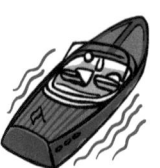

bot

човен

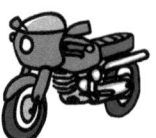

motosiklet

мотоцикл

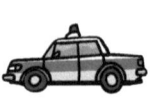

polis arabası

поліцейська машина

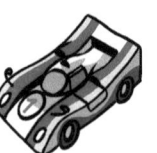

yarış arabası

гоночний автомобіль

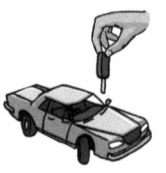

kiralık araba

автомобіль на прокат

ortak araba

спільне користування авто

çekici

евакуатор

çöp kamyonu

сміттєвоз

motor

двигун

yakıt

паливо

benzinlik

автозаправна станція

trafik işareti

дорожній знак

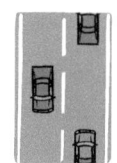

trafik

рух

trafik sıkışıklığı

затор

otopark

стоянка

tren istasyonu

вокзал

ray

рейки

tren

потяг

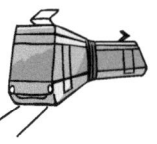

tramvay

трамвай

vagon

вагон

helikopter

гелікоптер

havaalanı

аеропорт

kule

вежа

yolcu

пасажир

konteyner

контейнер

koli

коробка

yük arabası

візок

sepet

кошик

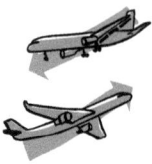

kalkış / iniş

стартувати / приземлятися

şehir

місто

köy

село

şehir merkezi

центр міста

ev

дім

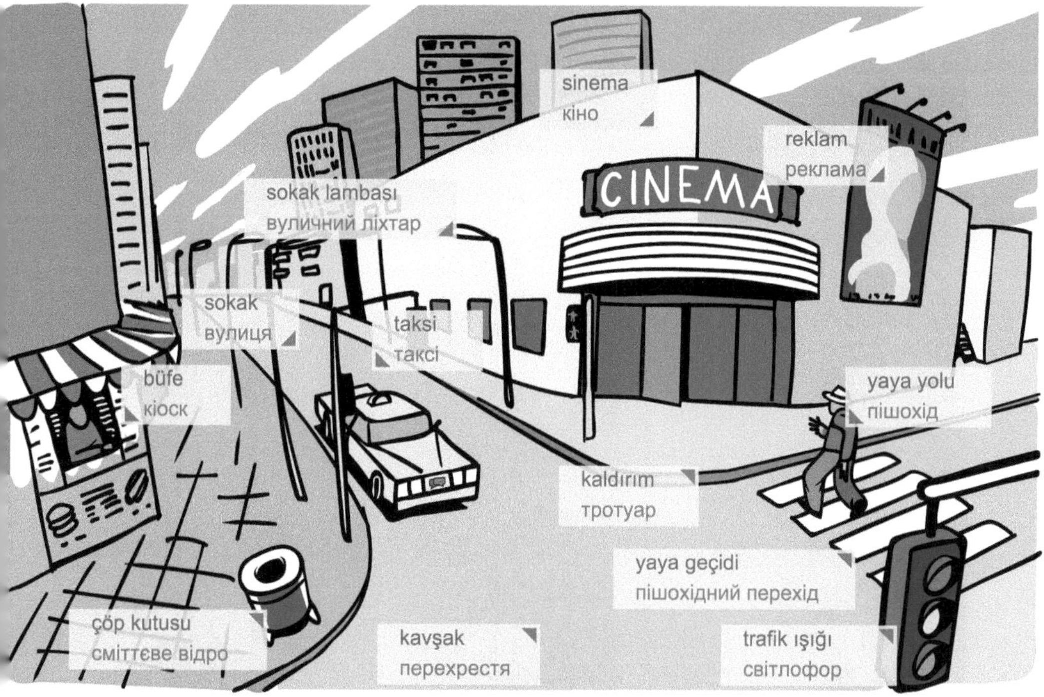

sinema
кіно

reklam
реклама

sokak lambası
вуличний ліхтар

sokak
вулиця

taksi
таксі

büfe
кіоск

yaya yolu
пішохід

kaldırım
тротуар

çöp kutusu
сміттєве відро

kavşak
перехрестя

yaya geçidi
пішохідний перехід

trafik ışığı
світлофор

kulübe

хатина

apartman dairesi

квартира

tren istasyonu

вокзал

belediye binası

ратуша

müze

музей

okul

школа

üniversite

університет

banka

банк

hastane

лікарня

otel

готель

eczane

аптека

ofis

офіс

kitapçı

книжковий магазин

mağaza

магазин

çiçekçi

квітковий магазин

süpermarket

супермаркет

market

ринок

büyük mağaza

універмаг

balık satıcısı

торговець рибою

alışveriş merkezi

торговельний центр

liman

гавань

park

парк

bank

лава

köprü

міст

merdiven

сходи

metro

метро

tünel

тунель

otobüs durağı

автобусна зупинка

bar

бар

restoran

ресторан

posta kutusu

поштова скринька

sokak tabelası

вулична табличка

otopark sayacı

лічильник паркування

hayvanat bahçesi

зоопарк

yüzme havuzu

басейн

cami

мечеть

çiftlik

ферма

kirlilik

забруднення
навколишнього
середовища

mezarlık

кладовище

kilise

церква

oyun alanı

дитячий майданчик

tapınak

храм

arazi

ландшафт

yaprak
листок

yön tabelası
вказівний стовп

yol
шлях

çayır
луг

taş
камінь

ağaç
дерево

yürüyüşçü
мандрівник

ırmak
річка

çimen
трава

çiçek
квітка

vadi

долина

tepe

гора

göl

озеро

orman

ліс

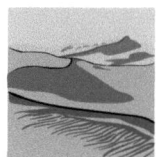

çöl

пустеля

volkan

вулкан

kale

замок

gökkuşağı

веселка

mantar

гриб

palmiye

пальма

sivrisinek

комар

sinek

муха

karınca

мурашка

arı

бджола

örümcek

павук

böcek

жук

kurbağa

жаба

sincap

вивірка

kirpi

їжак

yabani tavşan

заєць

baykuş

сова

kuş

птах

kuğu

лебідь

yaban domuzu

кабан

geyik

олень

geyik

лось

baraj

гребля

rüzgar türbini

вітряк

güneş paneli

сонячний модуль

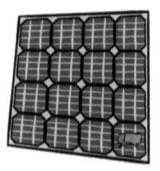

iklim

клімат

restoran

ресторан

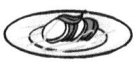

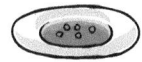

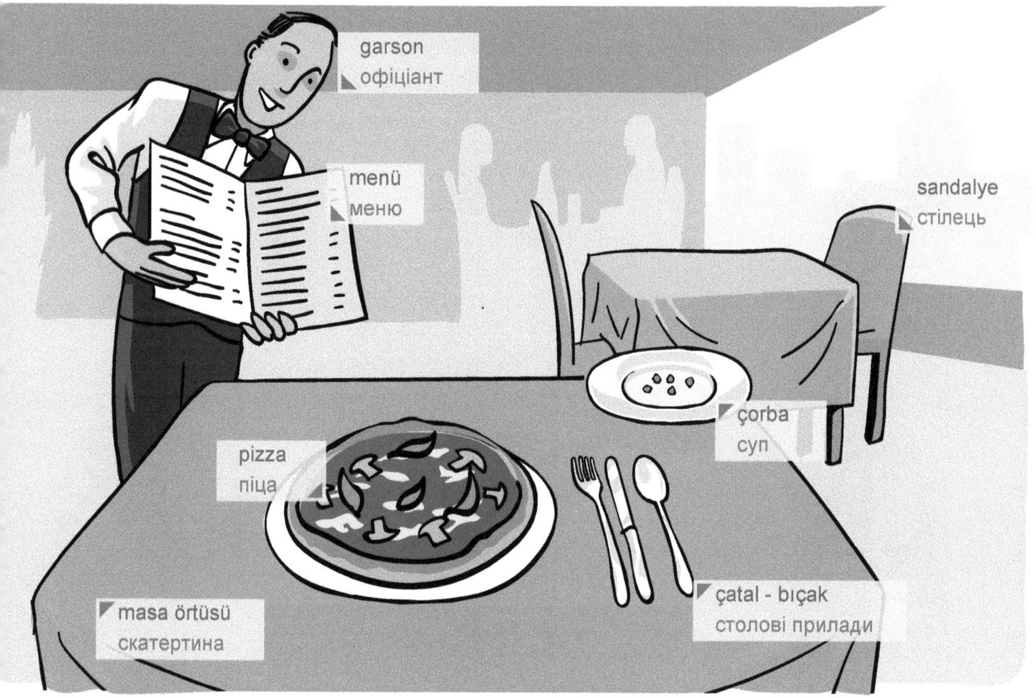
garson
офіціант
menü
меню
sandalye
стілець
çorba
суп
pizza
піца
çatal - bıçak
столові прилади
masa örtüsü
скатертина

başlangıç

закуска

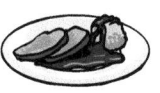

ana yemek

друга страва

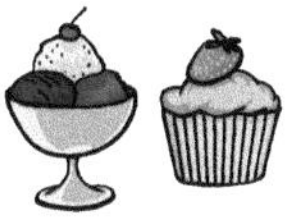

tatlı

десерт

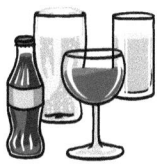

içecekler

напої

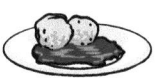

yemek

їжа

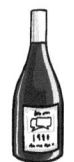

şişe

пляшка

fastfood

фаст-фуд

sokak yemeği

вулична їжа

çaydanlık

чайник

şekerlik

цукорниця

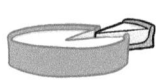

porsiyon

порція

espresso makinesi

еспресо-машина

mama sandalyesi

високий стільчик

fatura

рахунок

tepsi

піднос

bıçak

ніж

çatal

вилка

kaşık

ложка

çay kaşığı

чайна ложка

servis peçetesi

серветка

bardak

склянка

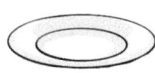

tabak

тарілка

çorba kasesi

тарілка для супу

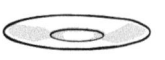

fincan altlığı

блюдце

sos

соус

tuzluk

солонка

karabiber değirmeni

млин для перцю

sirke

оцет

yağ

масло

baharat

спеції

ketçap

кетчуп

hardal

гірчиця

mayonez

майонез

süpermarket

супермаркет

özel teklif
пропозиція
FOR
müşteri
клієнт
süt ürünleri
молочні продукти
meyve
фрукти
alışveriş arabası
візок для покупок

BUTCHERS

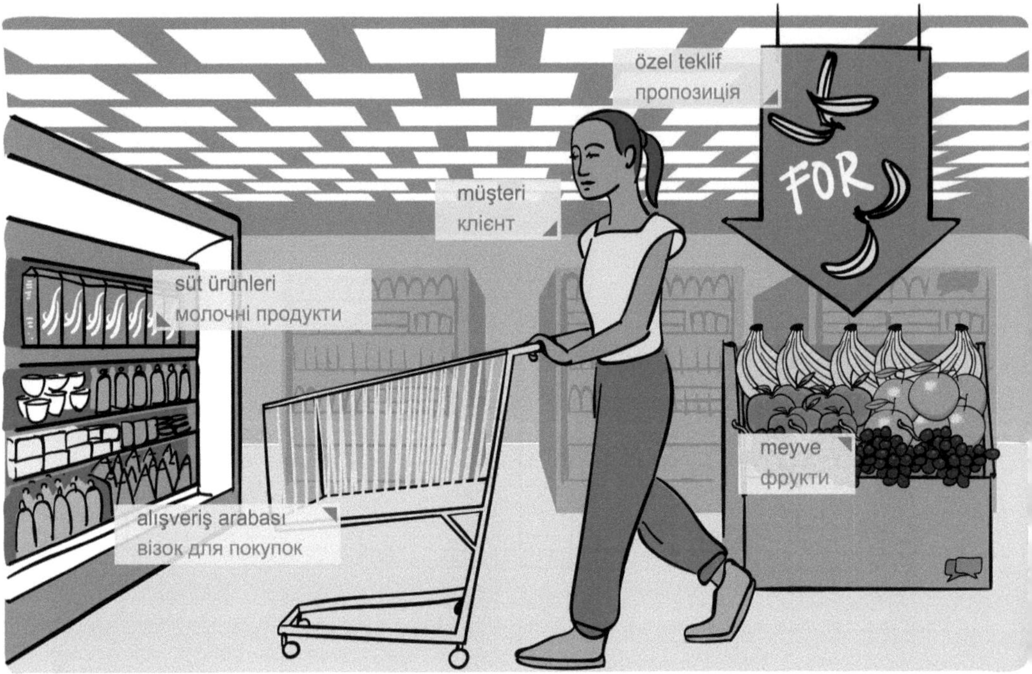

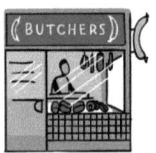

kasap

м'ясний магазин

BAKERY

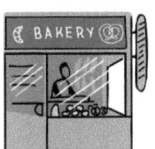

fırın

пекарня

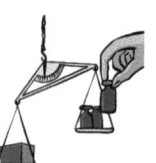

tartmak

зважувати

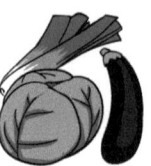

sebze

овочі

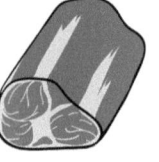

et

м'ясо

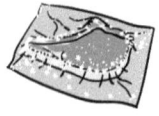

donmuş gıda

заморожені продукти

söğüş et

ковбасна нарізка

konserve yiyecek

консерви

toz deterjan

пральний порошок

şekerlemeler

солодощі

ev temizlik ürünleri

предмети домашнього побуту

temizlik ürünleri

мийний засіб

satış görevlisi

продавщиця

yazar kasa

каса

kasiyer

касир

alışveriş listesi

список покупок

açılış saatleri

часи роботи

cüzdan

гаманець

kredi kartı

кредитна картка

çanta

сумка

plastik poşet

поліетиленовий пакет

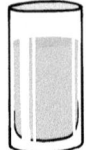

su

вода

meyve suyu

сік

süt

молоко

kola

кола

şarap

вино

bira

пиво

alkol

алкоголь

kakao

какао

çay

чай

kahve

кава

espresso

еспресо

kapuçino

капучіно

muz

банан

elma

яблуко

portakal

апельсин

kavun

кавун

limon

лимон

havuç

морква

sarımsak

часник

bambu

бамбук

soğan

цибуля

mantar

гриб

çerez

горішки

makarna

локшина

spagetti

спагеті

pirinç

рис

salata

салат

cips

картопля фрі

patates kızartması

смажена картопля

pizza

піца

hamburger

гамбургер

sandviç

бутерброд

şinitzel

шніцель

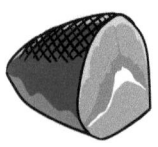

pastırma

шинка

salam

салямі

sosis

ковбаса

tavuk

курка

rosto

печеня

balık

риба

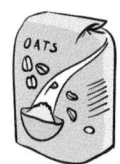

yulaf ezmesi

вівсяні пластівці

müsli

мюслі

mısır gevreği

кукурудзяні пластівці

un

борошно

kruvasan

круасан

küçük ekmek

булочка

ekmek

хліб

tost

тостовий хліб

bisküvi

печиво

tereyağı

масло

kaymak

сир

kek

пиріг

yumurta

яйце

sahanda yumurta

яєчня

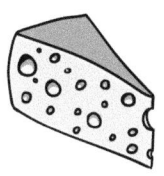

peynir

сир

dondurma

морозиво

şeker

цукор

bal

мед

reçel

мармелад

fındık ezmesi

нуга-крем

köri

карі

yemek - їжа

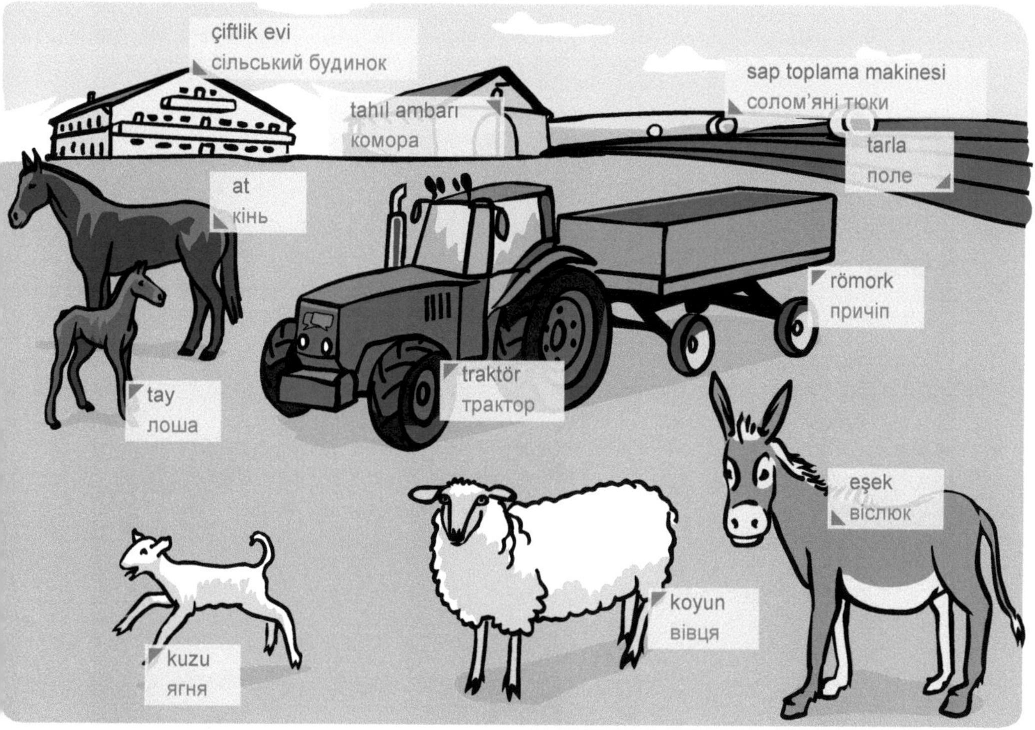

çiftlik evi
сільський будинок

tahıl ambarı
комора

sap toplama makinesi
солом'яні тюки

tarla
поле

at
кінь

römork
причіп

tay
лоша

traktör
трактор

eşek
віслюк

kuzu
ягня

koyun
вівця

keçi

коза

inek

корова

buzağı

теля

domuz

свиня

domuz yavrusu

порося

boğa

бик

kaz

гусак

ördek

качка

civciv

курча

tavuk

курка

horoz

півень

sıçan

щур

kedi

кіт

fare

миша

öküz

віл

köpek

собака

köpek kulübesi

собача будка

bahçe hortumu

садовий шланг

sulama kabı

лійка

tırpan

коса

pulluk

плуг

orak

серп

çapa

мотика

dirgen

вила

balta

сокира

el arabası

тачка

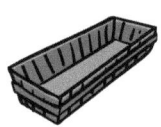

yemlik

корито

süt kovası

бідон молока

çuval

мішок

çit

паркан

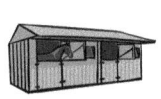

ahır

хлів

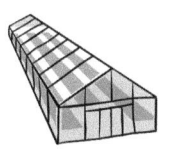

sera

теплиця

toprak

ґрунт

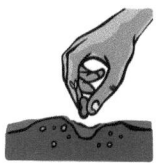

tohum

насіння

gübre

добриво

biçerdöver

комбайн

hasat etmek

пожинати

harman

урожай

tatlı patates

корінь ямсу

buğday

пшениця

soya

соя

patates

картопля

mısır

кукурудза

kolza

ріпак

meyve ağacı

плодове дерево

manyok

маніок

hububat

злаки

baca
димохід

çatı
дах

yağmur oluğu
водостічний лоток

pencere
вікно

garaj
гараж

kapı zili
дзвінок

kapı
двері

çöp kutusu
відро для сміття

posta kutusu
поштова скринька

bahçe
сад

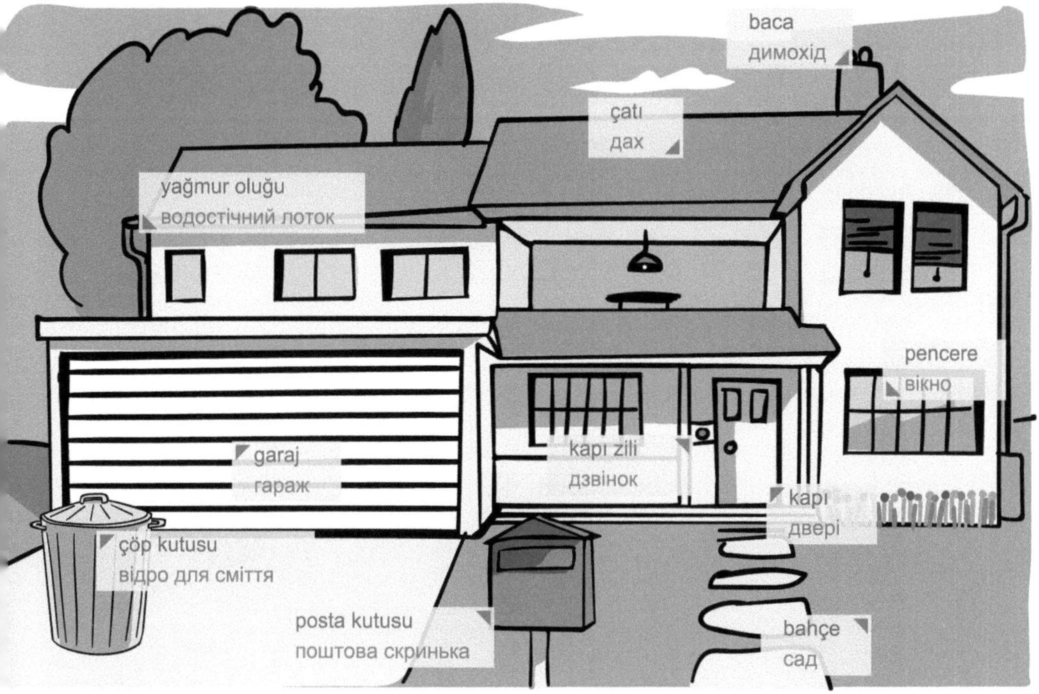

oturma odası

вітальня

banyo

ванна кімната

mutfak

кухня

yatak odası

спальня

çocuk odası

дитяча кімната

yemek odası

їдальня

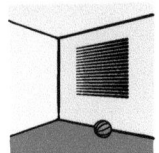

zemin

підлога

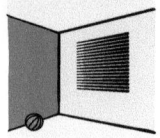

duvar

стіна

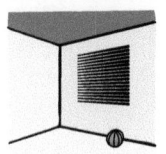

tavan

стеля

kiler

підвал

sauna

сауна

balkon

балкон

teras

тераса

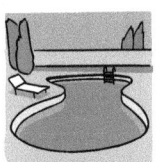

havuz

басейн

çim biçme makinesi

косарка

çarşaf

простирало

yatak örtüsü

ковдра

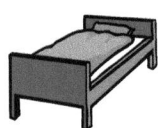

yatak

ліжко

süpürge

мітла

kova

відро

anahtar

перемикач

oturma odası

вітальня

duvar kağıdı
шпалери
resim
малюнок
lamba
лампа
raf
поличка
dolap
шафа
televizyon
телевізор
şömine
камін
çiçek
квітка
minder
подушка
kanepe
диван
vazo
ваза
uzaktan kumanda
пульт

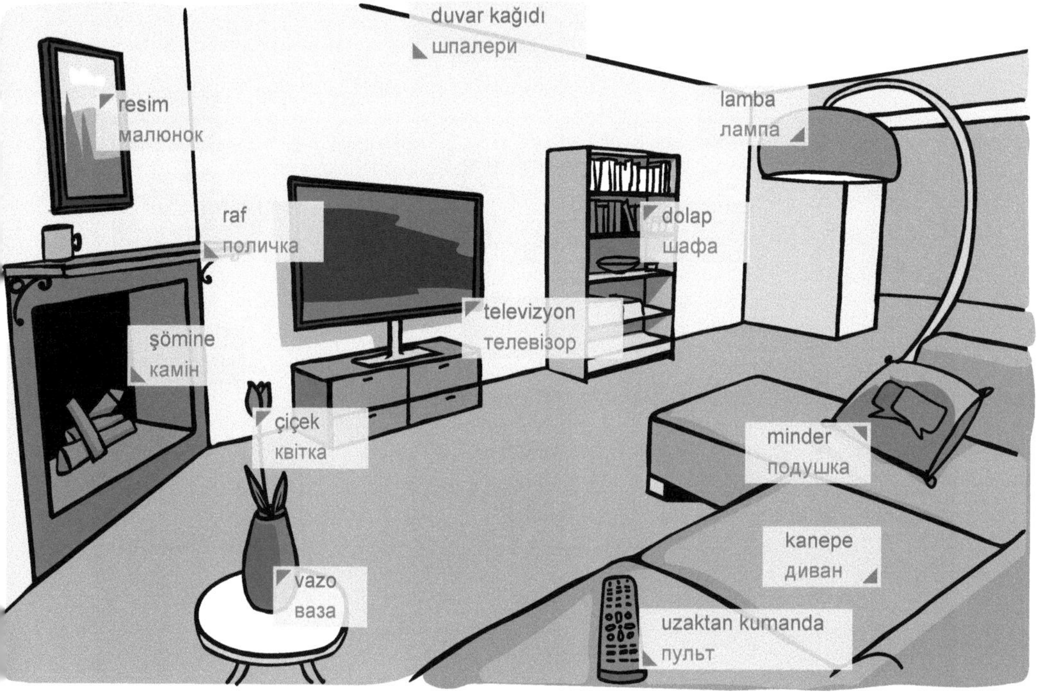

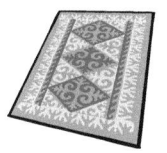

halı

килим

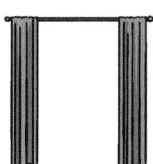

perde

завіса

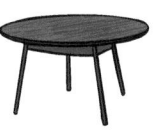

masa

стіл

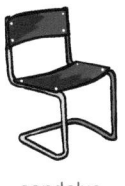

sandalye

стілець

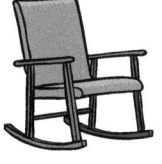

salıncaklı koltuk

крісло-гойдалка

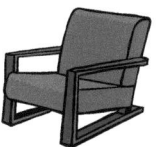

koltuk

крісло

kitap

книга

battaniye

ковдра

dekor

прикраса

odun

дрова

film

фільм

hi-fi

стереосистема

anahtar

ключ

gazete

газета

tablo

картина

poster

плакат

radyo

радіо

defter

блокнот

elektrikli süpürge

пилосос

kaktüs

кактус

mum

свічка

mutfak

кухня

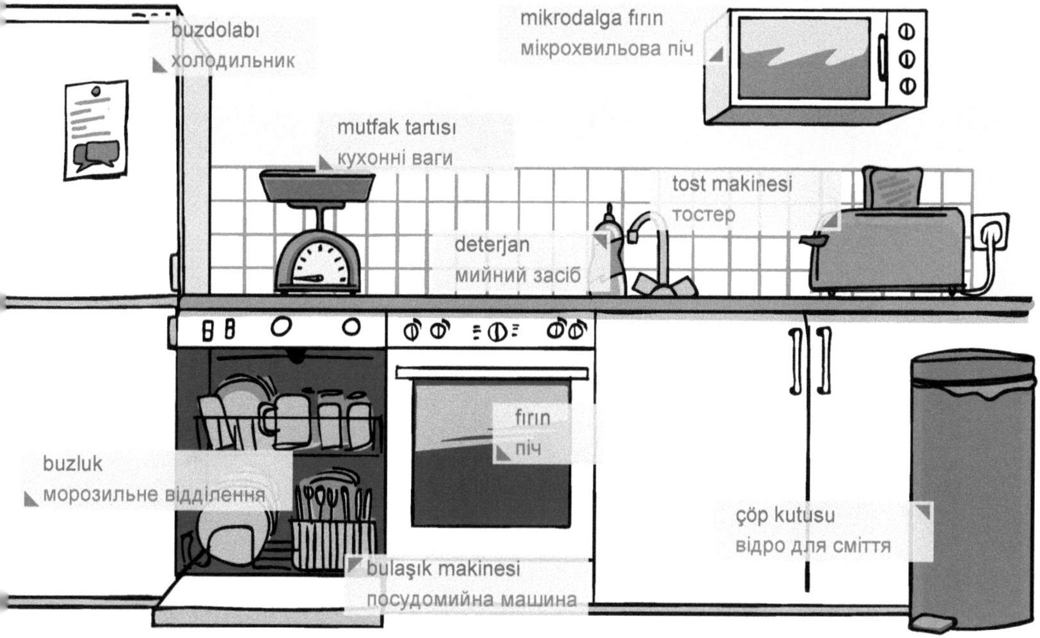

buzdolabı
холодильник
mikrodalga fırın
мікрохвильова піч
mutfak tartısı
кухонні ваги
tost makinesi
тостер
deterjan
мийний засіб
fırın
піч
buzluk
морозильне відділення
çöp kutusu
відро для сміття
bulaşık makinesi
посудомийна машина

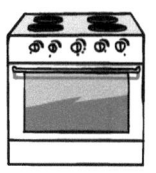

ocak

плита

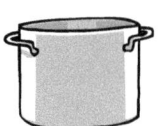

tencere

горщик

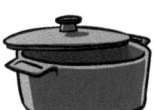

döküm tencere

чавунний горщик

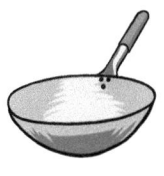

wok

вок / кадай

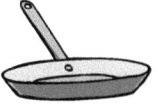

tava

сковорода

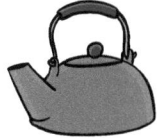

su ısıtıcı

чайник

buharlı pişirici

пароварка

pişirme tepsisi

лист

tabak takımı

посуд

kupa

кухоль

kase

чаша

çubuk (çin yemeği)

палички для їжі

kepçe

черпак

spatula

лопатка

çırpma teli

вінчик для збивання

süzgeç

сито

elek

сито

rende

терка

havan

ступка

barbekü

барбекю

açık ateş

багаття

kesme tahtası

дошка

merdane

качалка

tirbüşon

штопор

konserve kutusu

конзерва

konserve açacağı

відкривачка

fırın eldiveni

прихватки

evye

раковина

fırça

щітка

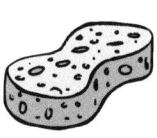

sünger

губка

blender

міксер

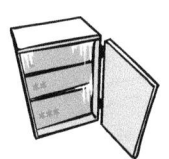

derin dondurucu

морозильна камера

biberon

дитяча пляшка

musluk

кран

mutfak - кухня

banyo

ванна кімната

ısıtma
опалення
havlu
рушник
duş
душ
duş perdesi
душова завіса
köpük banyosu
пиниста ванна
küvet
ванна
bardak
склянка
çamaşır makinesi
пральна машина
musluk
кран
fayans
плитка
lazımlık
горшок
evye
раковина

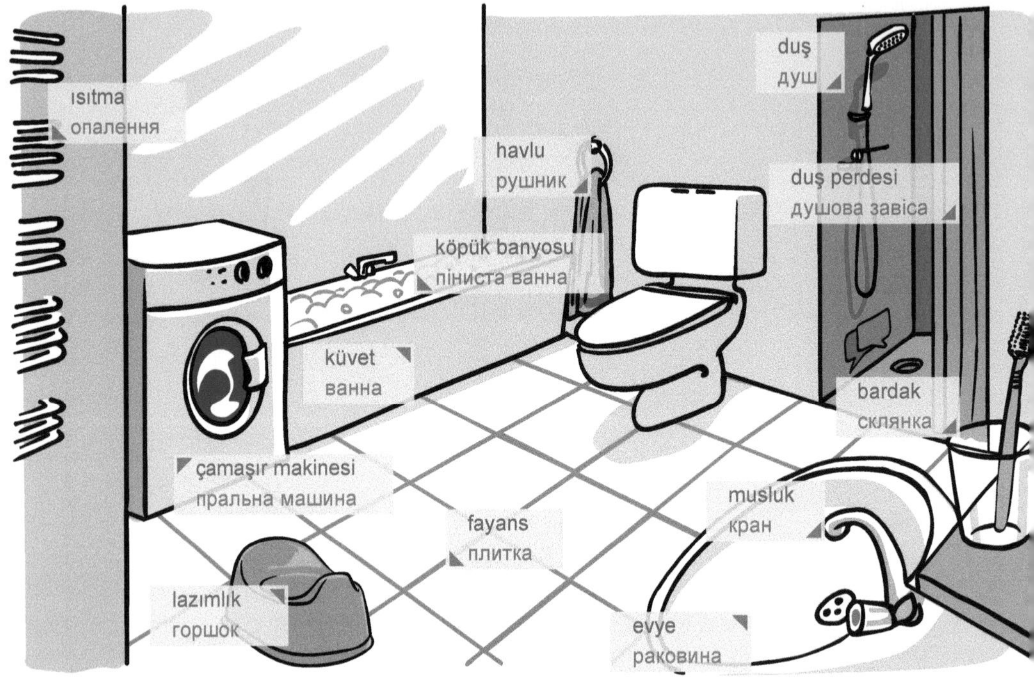

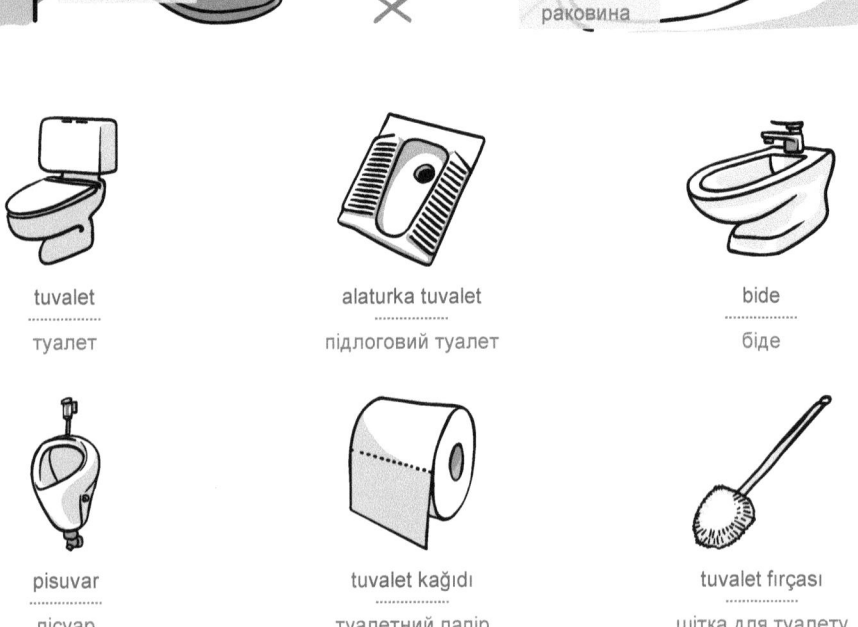

tuvalet

туалет

alaturka tuvalet

підлоговий туалет

bide

біде

pisuvar

пісуар

tuvalet kağıdı

туалетний папір

tuvalet fırçası

щітка для туалету

diş fırçası

зубна щітка

diş macunu

зубна паста

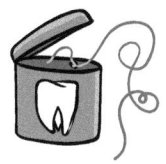

diş ipi

нитка для чищення зубів

yıkamak

мити

duş başlığı

ручний душ

duş başlığı şeklinde taharet musluğu

інтимний душ

küvet

таз

banyo fırçası

щітка для спини

sabun

мило

duş jeli

гель для душу

şampuan

шампунь

banyo lifi

мочалка

gider

водостік

krem

крем

deodorant

дезодорант

ayna

дзеркало

el aynası

косметичне дзеркало

jilet

бритва

tıraş köpüğü

піна для гоління

tıraş losyonu

лосьйон після гоління

tarak

гребінь

fırça

щітка

saç kurutma makinesi

фен

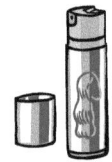

saç spreyi

лак для волосся

makyaj

косметика

ruj

губна помада

tırnak cilası

лак для нігтів

pamuk

вата

tırnak makası

ножиці для нігтів

parfüm

парфум

makyaj çantası

косметичка

tabure

табурет

tartı

ваги

bornoz

халат

lastik eldiven

гумові рукавички

tampon

тампон

kadın pedi

гігієнічні прокладки

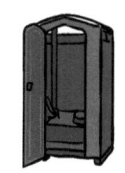

kimyevi tuvalet

біотуалет

banyo - ванна кімната

çocuk odası
дитяча кімната

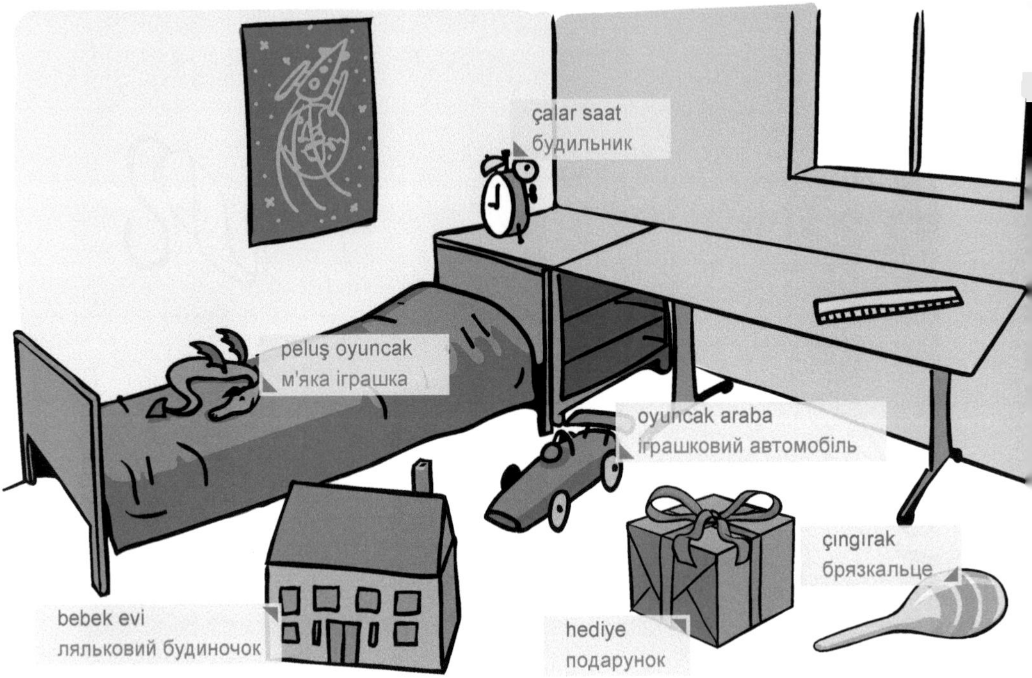
çalar saat
будильник
peluş oyuncak
м'яка іграшка
oyuncak araba
іграшковий автомобіль
çıngırak
брязкальце
bebek evi
ляльковий будиночок
hediye
подарунок

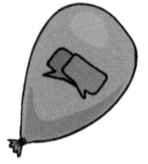

balon
повітряна кулька

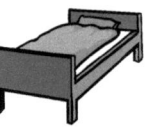

yatak
ліжко

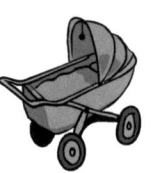

bebek arabası
дитячий візок

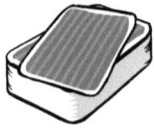

kart destesi
картярська гра

yapboz
пазл

SUPER
MEGA

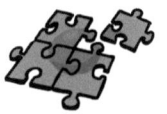

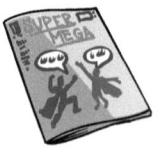

çizgi roman
комікс

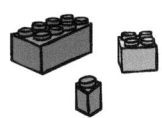

lego tuğlaları

лего цеглинки

lego blokları

блоки

aksiyon figürü

іграшкова фігурка

zıbın

повзунки

frizbi

фризбі

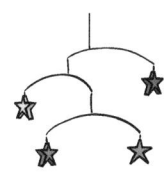

dönence

мобіле

masa oyunu

настільна гра

zar

кубик

model tren seti

модель залізнична станція

emzik

соска

parti

вечірка

resimli kitap

книжка з картинками

top

м'яч

oyuncak bebek

лялька

oynamak

грати

kum havuzu

пісочниця

salıncak

гойдалка

oyuncaklar

іграшка

video oyun konsolu

гральна консоль

üç tekerlekli bisiklet

триколісний велосипед

oyuncak ayı

плюшевий мішка

gardırop

шафа

kıyafet

одяг

çorap

шкарпетки

külotlu çorap

панчохи

tayt

колготки

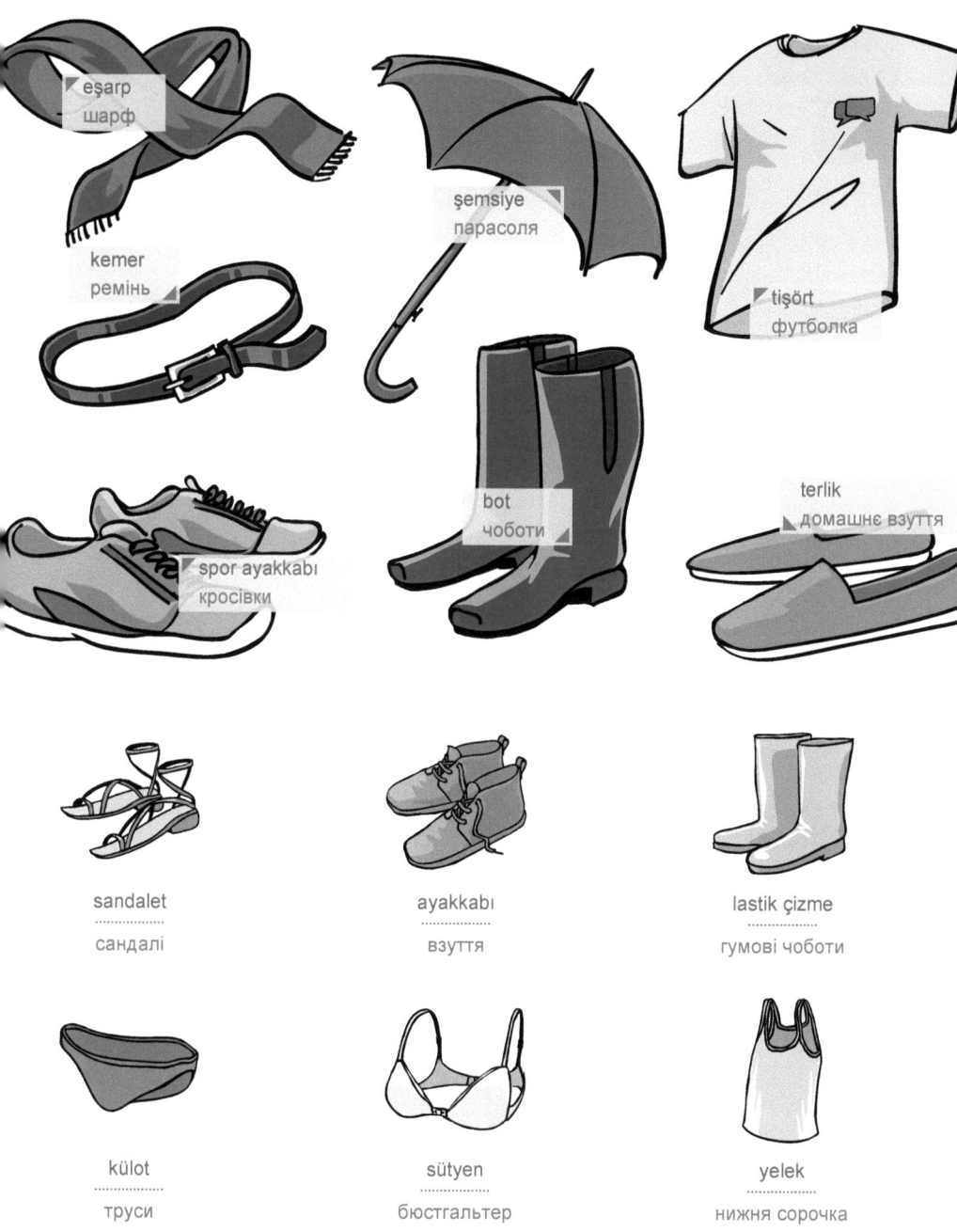

eşarp
шарф

şemsiye
парасоля

kemer
ремінь

tişört
футболка

spor ayakkabı
кросівки

bot
чоботи

terlik
домашнє взуття

sandalet
сандалі

ayakkabı
взуття

lastik çizme
гумові чоботи

külot
труси

sütyen
бюстгальтер

yelek
нижня сорочка

kıyafet - одяг

dar bluz

боді

pantolon

штани

kot pantolon

джинси

etek

спідниця

bluz

блузка

gömlek

сорочка

kazak

пуловер

süveter

светр

blazer

піджак

ceket

куртка

mont

пальто

yağmurluk

дощовик

kostüm

костюм

elbise

сукня

gelinlik

весільна сукня

kıyafet - одяг

takım elbise

костюм

gecelik

нічна сорочка

pijama

піжама

sari

capi

baş örtüsü

головна хустка

türban

чалма

burka

бурка

kaftan

кафтан

çarşaf

абая

mayo

купальник

erkek mayosu

плавки

şort

шорти

eşofman

тренувальний костюм

önlük

фартух

eldiven

рукавички

düğme

гудзик

gözlük

окуляри

bilezik

браслет

kolye

ланцюг

yüzük

кільце

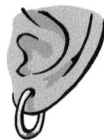

küpe

сережка

kep

шапка

portmanto

плічка

şapka

капелюх

kravat

краватка

fermuar

застібка-блискавка

kask

шолом

pantolon askısı

підтяжки

okul forması

шкільна форма

üniforma

уніформа

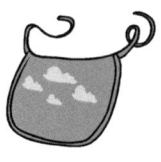

mama önlüğü

нагрудник

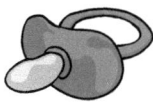

emzik

соска

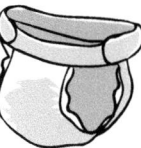

bebek bezi

підгузок

ofis

офіс

sunucu
сервер
dosya dolabı
шаф для документів
kağıt
папір
yazıcı
принтер
monitör
монітор
fare
миша
masa
письмовий стіл
klasör
папка
klavye
синтезатор
kağıt çöp kutusu
кошик для паперу
bilgisayar
комп'ютер
sandalye
стілець

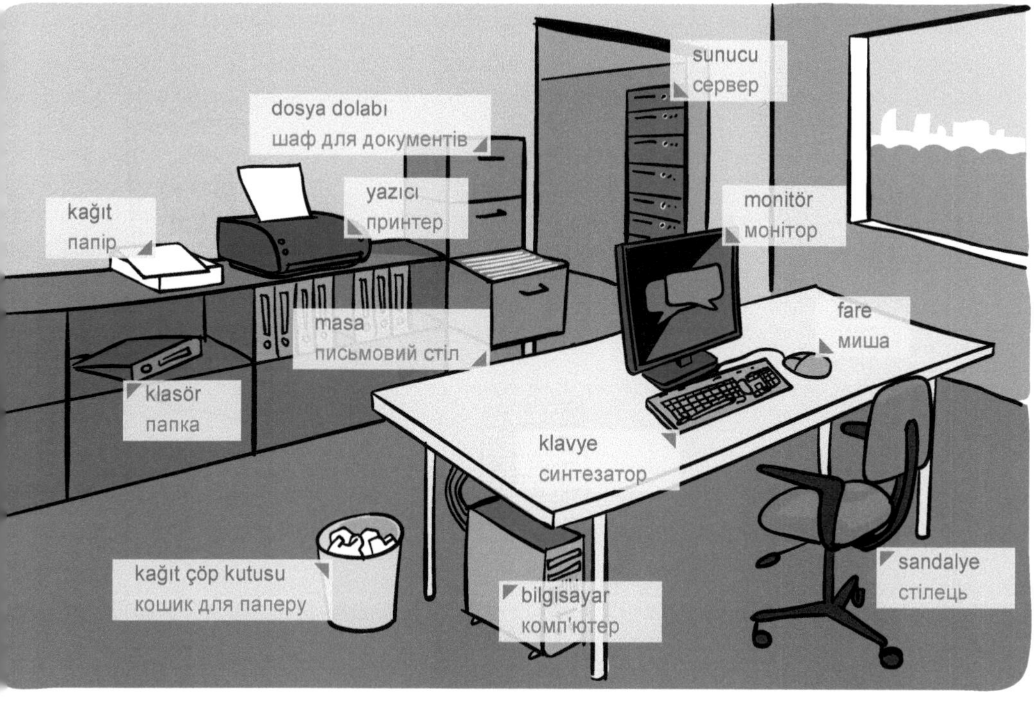

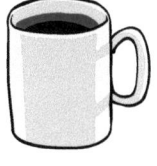

kahve fincanı

кавовий кухоль

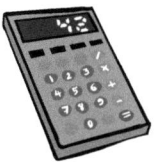

hesap makinesi

калькулятор

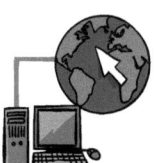

internet

інтернет

dizüstü

ноутбук

mektup

лист

mesaj

повідомлення

cep telefonu

мобільний телефон

ağ

мережа

fotokopi makinesi

копіювальний пристрій

yazılım

програмне забезпечення

telefon

телефон

priz

розетка

faks makinesi

факс

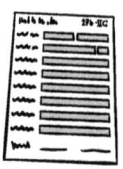

form

бланк

belge

документ

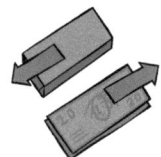

satın almak

купувати

ödemek

платити

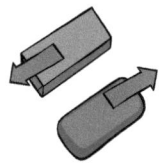

ticaret yapmak

торгувати

para

гроші

dolar

долар

avro

євро

yen

ієна

ruble

рубль

İsviçre frangı

франк

Çin yuanı

юанів женьміньбі

rupi

рупія

kasa

банкомат

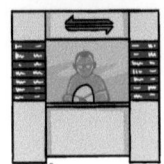

döviz bürosu

обмінний пункт

altın

золото

gümüş

срібло

petrol

нафта

enerji

енергія

fiyat

ціна

kontrat

контракт

vergi

податок

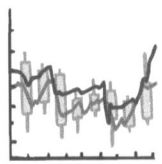

menkul değer

акція

çalışmak

працювати

işveren

працівник

işçi

роботодавець

fabrika

фабрика

mağaza

магазин

polis memuru
поліцейський

itfaiyeci
пожежник

aşçı
повар

doktor
лікар

pilot
пілот

bahçıvan
садівник

marangoz
столяр

terzi
швачка

hakim
суддя

kimyager
хімік

aktör
актор

otobüs şoförü

водій автобуса

taksi şoförü

таксист

balıkçı

рибалка

temizlikçi

прибиральниця

çatı ustası

покрівельник

garson

офіціант

avcı

мисливець

boyacı

художник

fırıncı

пекар

elektrikçi

електрик

inşaatçı

будівельник

mühendis

інженер

kasap

забійник

muslukçu

бляхар

postacı

листоноша

asker

солдат

mimar

архітектор

kasiyer

касир

çiçekçi

флорист

kuaför

перукар

kondüktör

кондуктор

tamirci

механік

kaptan

капітан

dişçi

дантист

bilim insanı

вчений

haham

рабин

imam

імам

keşiş

монах

rahip

пастор

aletler
інструменти

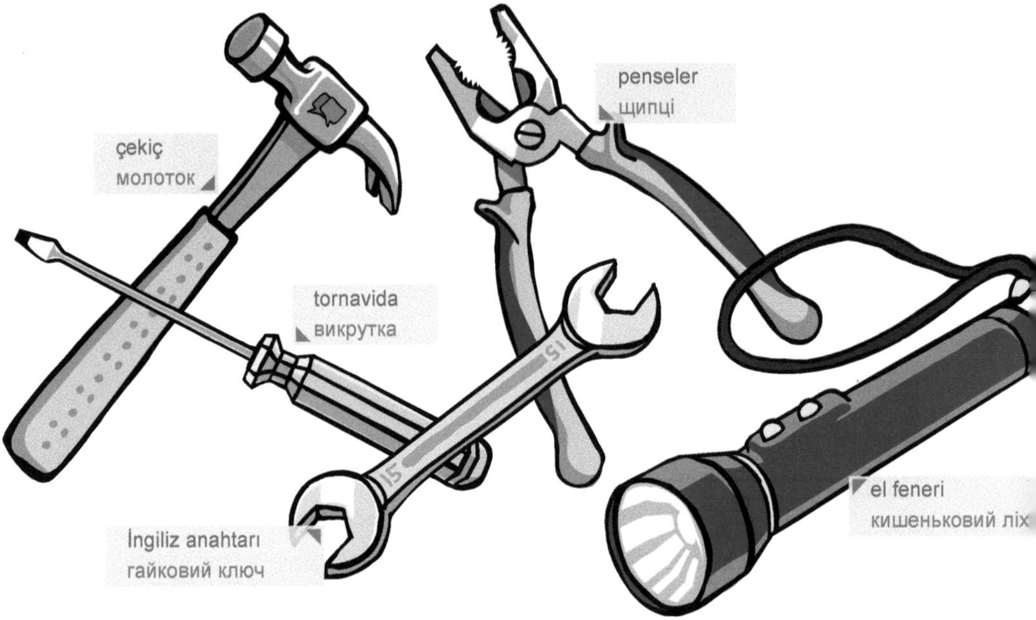

penseler
щипці
çekiç
молоток
tornavida
викрутка
el feneri
кишеньковий ліх
İngiliz anahtarı
гайковий ключ

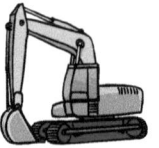

kazı makinesi

екскаватор

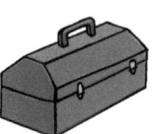

alet çantası

ящик для інструментів

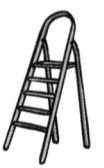

merdiven

драбина

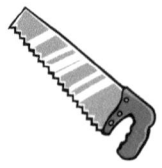

testere

пилка

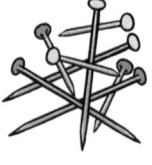

çiviler

цвяхи

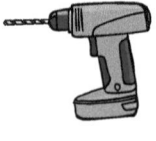

matkap

свердло

tamir etmek
ремонтувати

kürek
лопата

Kahretsin!
лайно!

faraş
совок

boya tenekesi
відро з фарбою

vidalar
гвинти

müzik enstrümanı
музичні інструменти

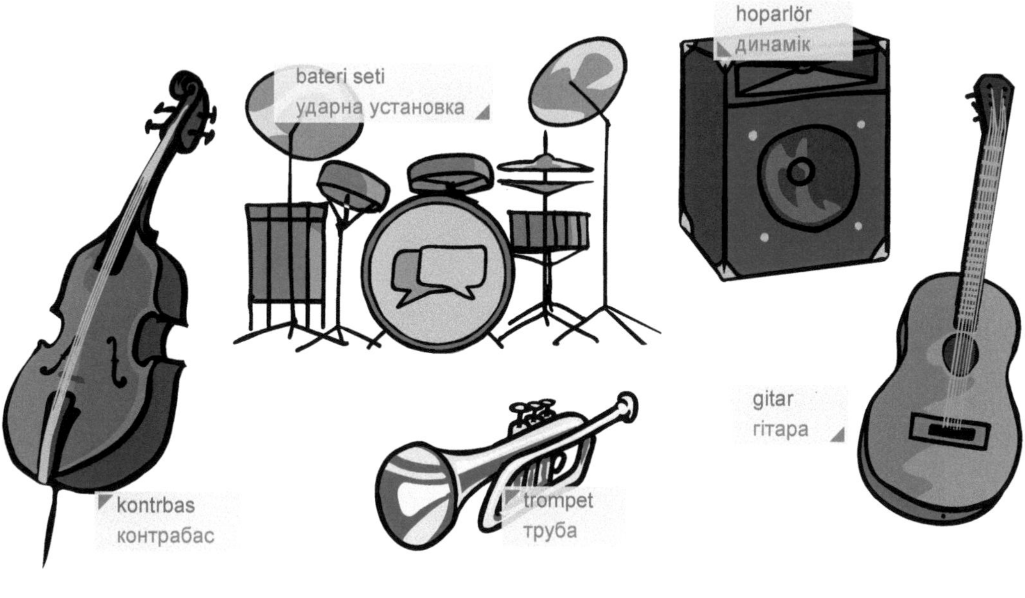

bateri seti
ударна установка

hoparlör
динамік

gitar
гітара

kontrbas
контрабас

trompet
труба

piyano

фортепіано

keman

скрипка

basgitar

бас

timpani

литаври

bateri

барабан

klavye

клавіатура

saksafon

саксофон

flüt

флейта

mikrofon

мікрофон

hayvanat bahçesi

зоопарк

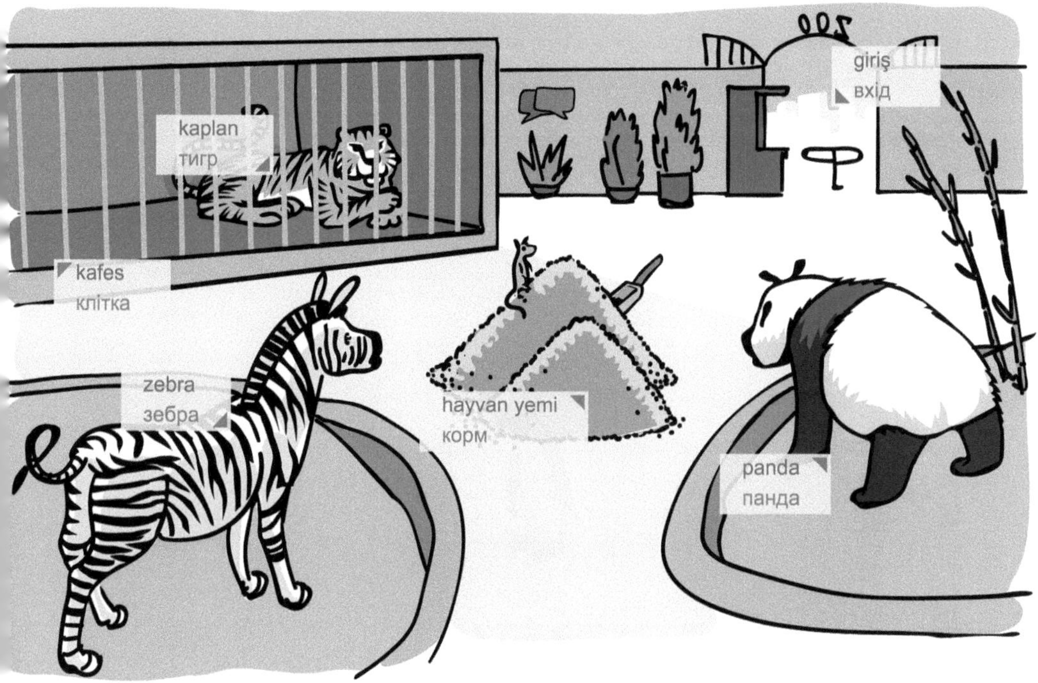

kaplan
тигр
giriş
вхід
kafes
клітка
zebra
зебра
hayvan yemi
корм
panda
панда

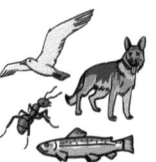

hayvanlar

тварини

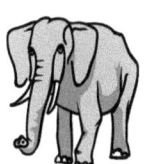

fil

слон

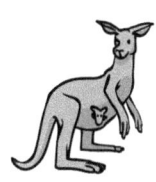

kanguru

кенгуру

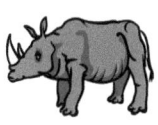

gergedan

носоріг

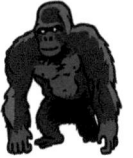

goril

горила

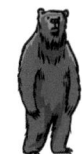

ayı

ведмідь

deve

верблюд

deve kuşu

страус

aslan

лев

maymun

мавпа

flamingo

фламінго

papağan

папуга

kutup ayısı

білий ведмідь

penguen

пінгвін

köpek balığı

акула

tavus kuşu

павич

yılan

змія

timsah

крокодил

hayvanat bahçesi görevlisi

працівник зоопарку

fok

тюлень

jaguar

ягуар

midilli atı

поні

leopar

леопард

su aygırı

гіпопотам

zürafa

жираф

kartal

орел

yaban domuzu

кабан

balık

риба

kaplumbağa

черепаха

mors

морж

tilki

лисиця

ceylan

газель

amerikan futbolu
американський футбол

bisiklete binme
їзда на велосипеді

tenis
теніс

basketbol
баскетбол

yüzme
плавання

boks
бокс

buz hokeyi
хокей

futbol
футбол

badminton
бадмінтон

atletizm
легка атлетика

hentbol
гандбол

kayak
лижні перегони

polo
поло

atlamak
стрибати

sarılmak
обіймати

gülmek
сміятися

yürümek
йти

söylemek
співати

dua etmek
молитися

öpmek
цілувати

hayal etmek
мріяти

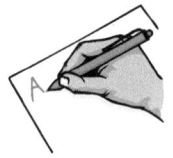

yazmak

писати

çizmek

малювати

göstermek

показувати

itmek

тиснути

vermek

давати

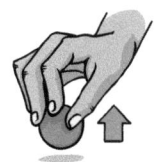

almak

брати

sahip olmak

мати

yapmak

робити

olmak

бути

ayakta durmak

стояти

koşmak

бігати

çekmek

тягнути

atmak

кидати

düşmek

падати

yalan söylemek

лежати

beklemek

очікувати

taşımak

носити

oturmak

сидіти

giyinmek

одягати

uyumak

спати

uyanmak

просипатися

bakmak

дивитися

ağlamak

плакати

vurmak

гладити

taramak

розчісувати

konuşmak

розмовляти

anlamak

розуміти

sormak

питати

dinlemek

слухати

içmek

пити

yemek

їсти

düzenlemek

прибирати

sevmek

любити

pişirmek

варити

sürmek

їхати

uçmak

літати

denize açılmak

йти під вітрилом

hesapla

рахувати

okumak

читати

öğrenmek

вчитися

çalışmak

працювати

evlenmek

одружуватися

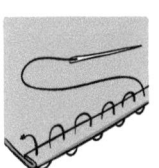

dikmek

шити

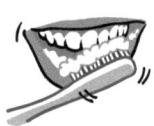

diş fırçalamak

чистити зуби

öldürmek

убивати

sigara içmek

курити

yollamak

посилати

büyükanne
бабуся

büyükbaba
дідуся

baba
батько

anne
мати

bebek
немовля

kız
донька

oğul
син

misafir

гість

teyze

тітка

amca

дядько

erkek kardeş

брат

kız kardeş

сестра

vücut

тіло

alın
чоло
göz
око
omuz
плече
parmak
палець
yüz
обличчя
çene
підборіддя
el
кисть
bacak
нога
göğüs
груди
kol
рука

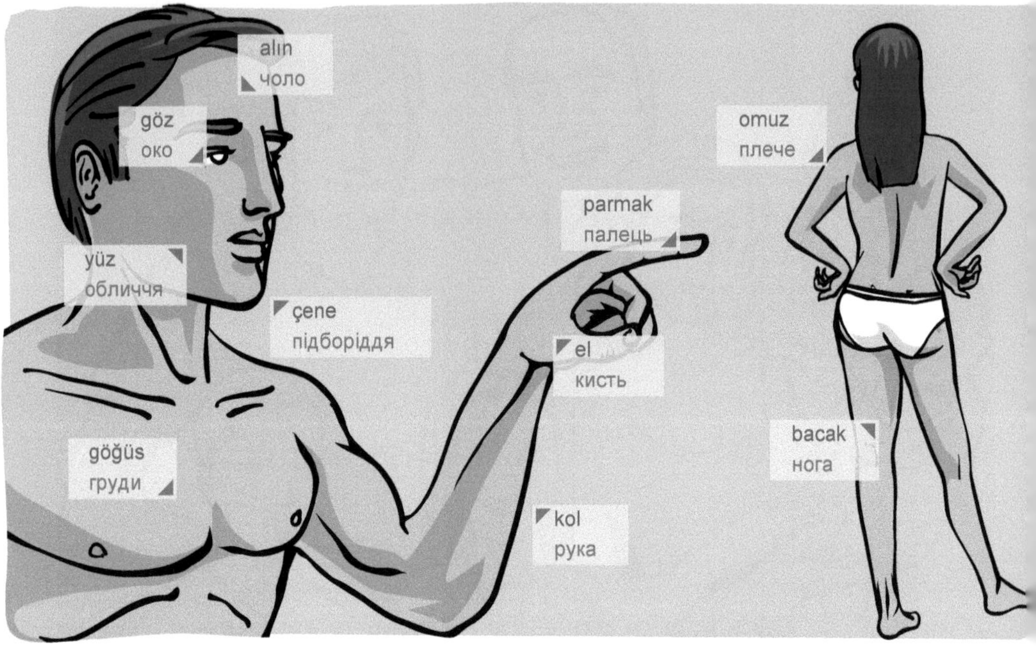

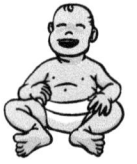

bebek

немовля

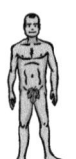

adam

чоловік

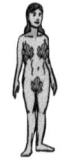

kadın

жінка

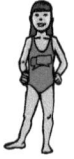

kız

дівчина

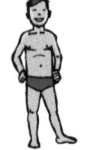

erkek çocuk

хлопчик

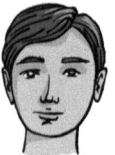

baş

голова

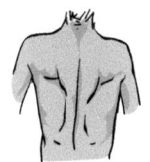

sırt

спина

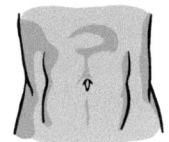

karın

живіт

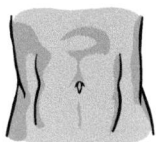

göbek

пуп

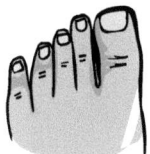

ayak parmağı

палець ноги

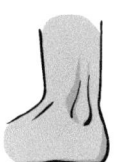

topuk

п'ята

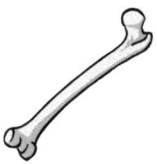

kemik

кістка

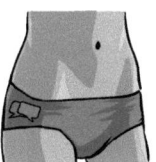

kalça

стегно

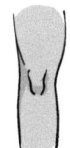

diz

коліно

dirsek

лікоть

burun

ніс

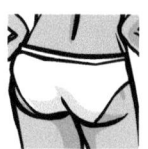

kalça

сідниці

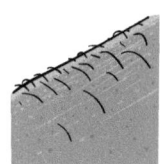

deri

шкіра

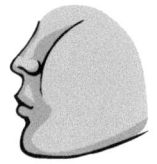

yanak

щока

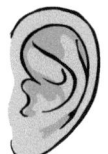

kulak

вухо

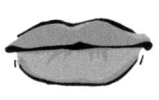

dudak

губа

ağız

рот

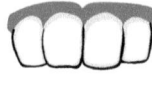

diş

зуб

dil

язик

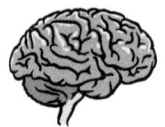

beyin

мозок

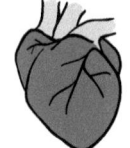

kalp

серце

kas

м'яз

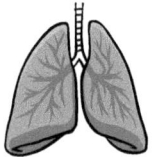

akciğer

легені

karaciğer

печінка

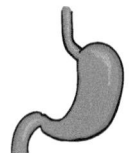

mide

шлунок

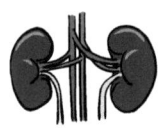

böbrekler

нирки

seks

статевий акт

prezervatif

презерватив

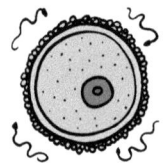

yumurtalık

яйцеклітина

sperm

сперма

hamilelik

вагітність

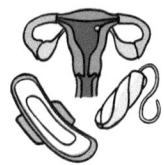

regl

менструація

vajina

вагіна

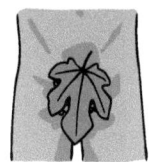

penis

пеніс

kaş

брова

saç

волосся

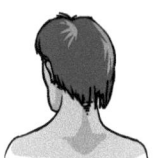

boyun

шия

hastane
лікарня

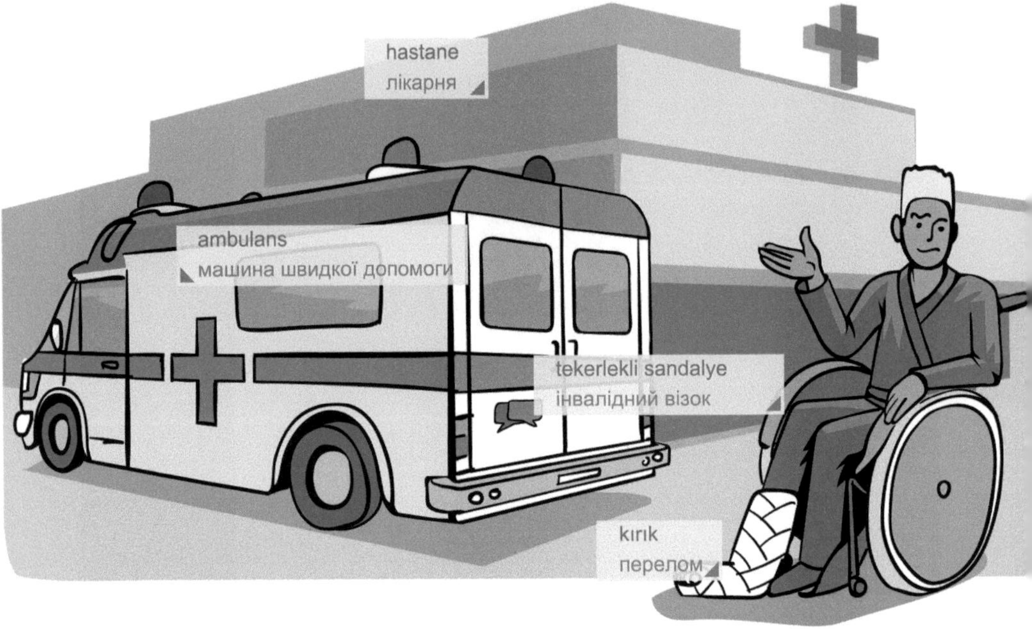

hastane
лікарня
ambulans
машина швидкої допомоги
tekerlekli sandalye
інвалідний візок
kırık
перелом

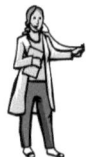

doktor

лікар

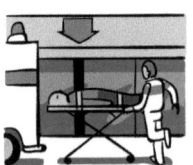

acil servis

відділення швидкої медичної допомоги

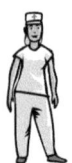

hemşire

медсестра

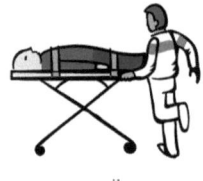

acil

аварійний випадок

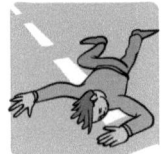

baygın

непритомний

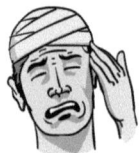

acı

біль

yaralanma

травма

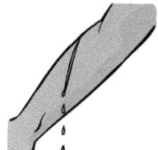

kanama

кровотеча

kalp krizi

інфаркт

felç

інсульт

alerji

алергія

öksürük

кашель

ateş

лихоманка

grip

грип

ishal

пронос

baş ağrısı

головна біль

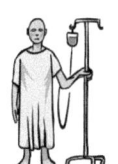

kanser

рак

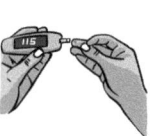

şeker hastalığı

діабет

cerrah

хірург

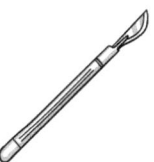

neşter

скальпель

operasyon

операція

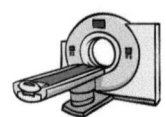

bilgisayarlı tomografi

КТ

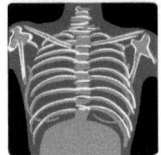

röntgen

рентген

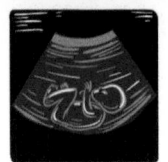

ultrason

ультразвук

yüz maskesi

маска

hastalık

хвороба

bekleme odası

зал очікування

koltuk değneği

милиця

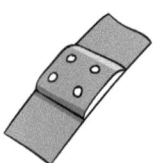

yara bandı

пластир

bandaj

пов'язка

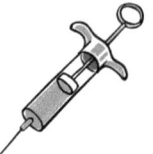

enjeksiyon

ін'єкція

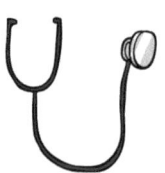

steteskop

стетоскоп

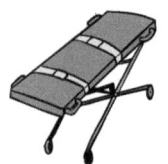

sedye

ноші

tıbbi termometre

термометр

doğum

народження

fazla kilo

надмірна вага

hastane - лікарня

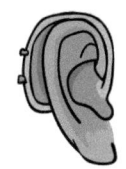

işitme cihazı

слуховий апарат

dezenfektan

дезінфікуючий засіб

enfeksiyon

інфекція

virüs

вірус

HIV / AIDS

ВІЛ / СНІД

ilaç

медицина

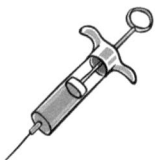

aşı

вакцинація

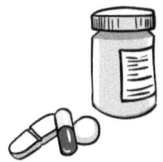

tablet

таблетки

hap

протизаплідна пігулка

acil çağrı

екстрений виклик

tansiyon aleti

тонометр

hasta / sağlıklı

хворий / здоровий

İmdat!

Допоможіть!

darp

напад

saldırı

атака

tehlike

небезпека

acil çıkış

аварійний вихід

Yangın!

Вогонь!

yangın tüpü

вогнегасник

kaza

аварія

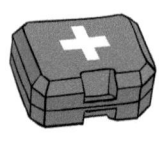

ilk yardım çantası

аптечка

imdat

СОС

polis

поліція

Avrupa

Європа

Kuzey Amerika

Північна Америка

Güney amerika

Південна Америка

Afrika

Африка

Asya

Азія

Avustralya

Австралія

Atlantik

Атлантика

Pasifik

Тихий океан

Hint Okyanusu

Індійський океан

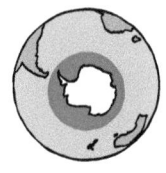

Antarktika Okyanusu

Антарктичний океан

Arktik Okyanusu

Північний Льодовитий океан

Kuzey Kutbu

Північний полюс

Güney Kutbu

Південний полюс

Antarktika

Антарктика

dünya

Земля

kara

суша

deniz

море

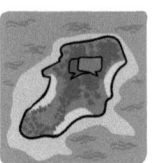

ada

острів

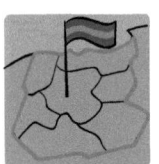

ulus

нація

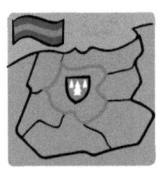

ülke

держава

kadran

циферблат

akrep

годинникова стрілка

yelkovan

хвилинна стрілка

saniye ibresi

секундна стрілка

Saat kaç?

Котра година?

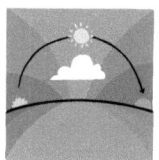

gün

день

zaman

час

şimdi

зараз

dijital saat

цифровий годинник

dakika

хвилина

saat

година

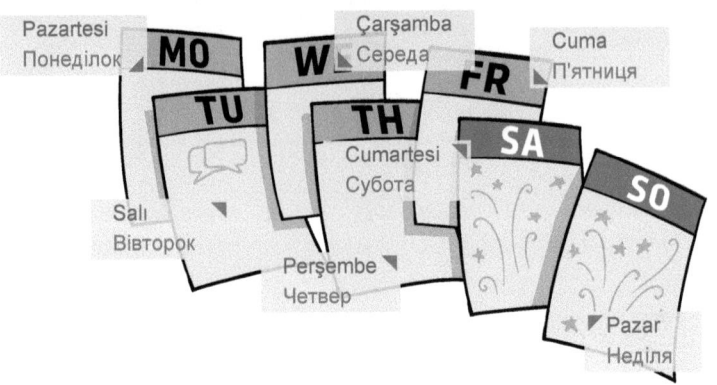

Pazartesi — Понеділок
Çarşamba — Середа
Cuma — П'ятниця
Salı — Вівторок
Cumartesi — Субота
Perşembe — Четвер
Pazar — Неділя

dün

вчора

bugün

сьогодні

yarın

завтра

sabah

ранок

öğle

опівдні

akşam

вечір

iş günleri

робочі дні

hafta sonu

кінець робочого тижня

yıl
рік

yağmur
дощ
gökkuşağı
веселка
kara
сніг
rüzgar
вітер
bahar
весна
sonbahar
осінь
yaz
літо
kış
зима

4.APRIL 11°
5.APRIL 4°
6.APRIL 13°
7.APRIL 8°
8.APRIL 10°

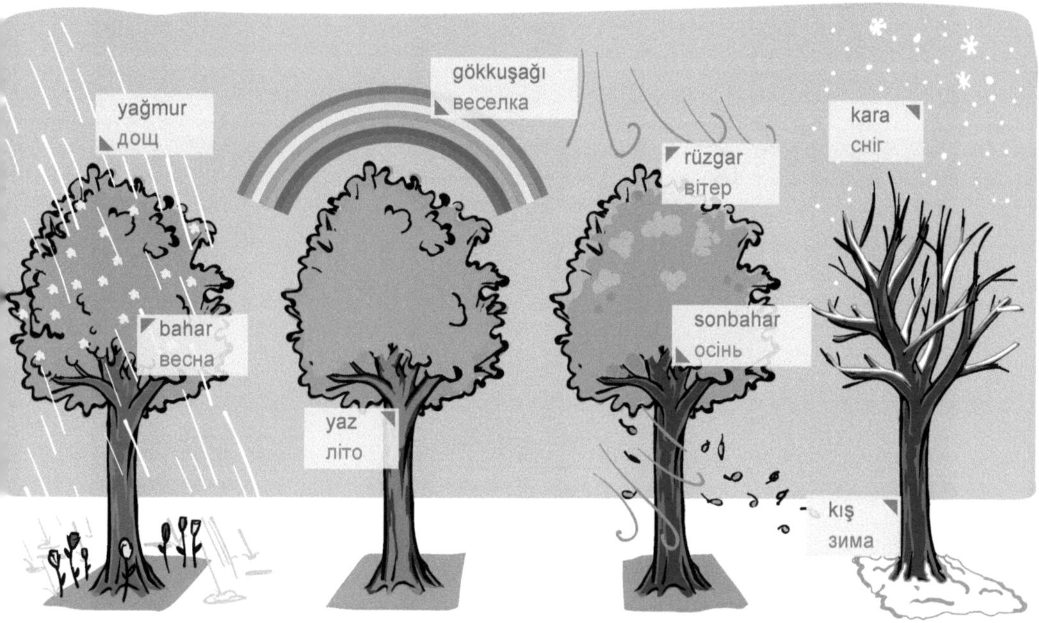

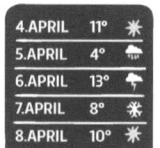

hava durumu tahmini

прогноз погоди

F C
120 40
90 30
60 20
30 10
0 0
-30 -10
-20

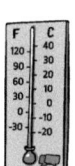

termometre

термометр

güneş ışığı

сонячне світло

bulut

хмара

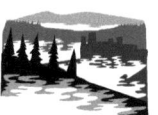

sis

туман

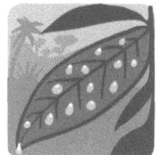

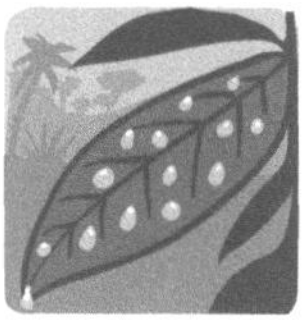

nem

вологість повітря

şimşek

блискавка

gök gürültüsü

грім

fırtına

шторм

dolu

град

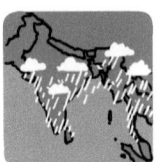

muson

мусон

sel

повінь

buz

лід

Ocak

Січень

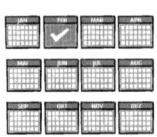

Şubat

Лютий

Mart

Березень

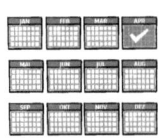

Nisan

Квітень

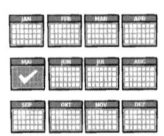

Mayıs

Травень

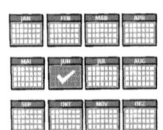

Haziran

Червень

Temmuz

Липень

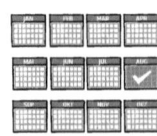

Ağustos

Серпень

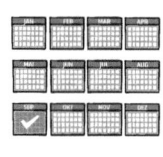

Eylül

....

Вересень

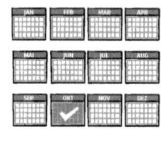

Ekim

....

Жовтень

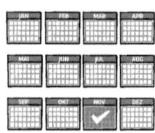

Kasım

....

Листопад

Aralık

....

Грудень

daire

....

круг

kare

....

квадрат

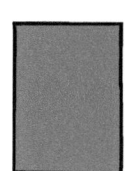

dikdörtgen

....

прямокутник

üçgen

....

трикутник

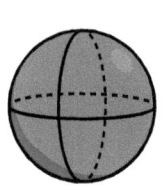

küre

....

куля

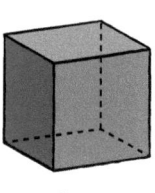

küp

....

куб

beyaz

білий

sarı

жовтий

turuncu

помаранчевий

pembe

рожевий

kırmızı

червоний

mor

фіолетовий

mavi

синій

yeşil

зелений

kahverengi

коричневий

gri

сірий

siyah

чорний

çok / az

багато / мало

kızgın / sakin

лютий / мирний

güzel / çirkin

гарний / бридкий

başlangıç / son

початок / кінець

büyük / küçük

великий / малий

parlak / karanlık

світлий / темний

erkek kardeş / kız kardeş

брат / сестра

temiz / kirli

чистий / брудний

tamam / eksik

завершений /
незавершений

gün / gece

день / ніч

ölü / canlı

мертвий / живий

geniş / dar

широкий / вузький

yenilebilir / yenilemez

їстівний / неїстівний

kötü / iyi

злий / дружній

heyecanlı / sıkılmış

збуджений / нудьгуючий

şişman / zayıf

товстий / тонкий

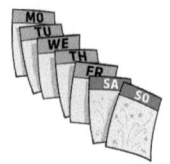

ilk / son

спочатку / востаннє

dost / düşman

друг / ворог

dolu / boş

повний / порожній

sert / yumuşak

жорсткий / м'який

ağır / hafif

важкий / легкий

açlık / susuzluk

голод / спрага

hasta / sağlıklı

хворий / здоровий

yasa dışı / yasal

незаконний / законний

zeki / aptal

розумний / дурний

sol / sağ

вліво / вправо

yakın / uzak

поруч / далеко

zıt anlamlılar - протилежності

yeni / kullanılmış

новий / використаний

hiçbir şey / bir şey

нічого / щось

yaşlı / genç

старий / молодий

açma / kapama

вкл / викл

açık / kapalı

відкрито / закрито

sessiz / gürültülü

тихо / гучно

zengin / fakir

багатий / бідний

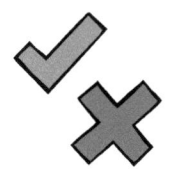

doğru / yanlış

правильно / неправильно

pürüzlü / düz

шорсткий / гладкий

üzgün / mutlu

сумний / щасливий

kısa / uzun

короткий / довгий

yavaş / hızlı

повільно / швидко

ıslak / kuru

вологий / сухий

sıcak / serin

гарячий / холодний

savaş / barış

війна / мир

zıt anlamlılar - протилежності

0

sıfır

нуль

1

bir

один

2

iki

два

3

üç

три

4

dört

чотири

5

beş

п'ять

6

altı

шість

7

yedi

сім

8

sekiz

вісім

9

dokuz

дев'ять

10

on

десять

11

on bir

одинадцять

12

on iki

дванадцять

13

on üç

тринадцять

14

on dört

чотирнадцять

15

on beş

п'ятнадцять

16

on altı

шістнадцять

17

on yedi

сімнадцять

18

on sekiz

вісімнадцять

19

on dokuz

дев'ятнадцять

20

yirmi

двадцять

100

yüz

сто

1.000

bin

тисяча

1.000.000

milyon

мільйон

İngilizce

англійська

Amerikan İngilizcesi

американська англійська

Çince (Mandarin)

китайська
високочиновницька

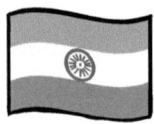

Hintçe

хінді

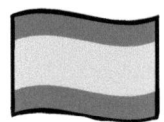

İspanyolca

іспанська

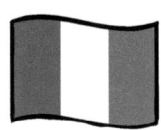

Fransızca

французька

Arapça

арабська

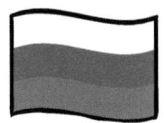

Rusça

російська

Portekizce

португальська

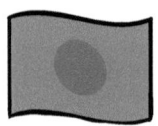

Bengalce

бенгальська

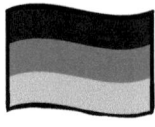

Almanca

німецька

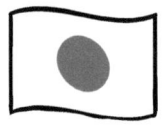

Japonca

японська

ben
....
я

sen
....
ти

o
....
він / вона / воно

biz
....
ми

siz
....
ви

onlar
....
вони

kim?
....
хто?

ne?
....
що?

nasıl?
....
як?

nerede?
....
де?

ne zaman?
....
коли?

isim
....
ім'я

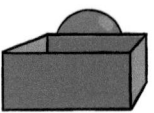

arkasında

ззаду

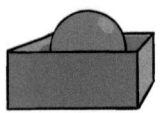

içinde

в

önünde

перед

üzerinde

над

üstünde

на

altında

під

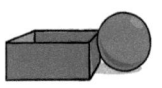

yanında

біля

arasında

між

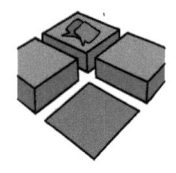

yer

місце